COMITÉ DES ASSUREURS MARITIMES
DE BORDEAUX

ARRIMAGE DES VINS EN FUTS

Règlement d'arrimage du 9 Janvier 1856

Étude et proposition d'une rédaction nouvelle
des articles 10, 11, 12.

BORDEAUX
IMPRIMERIE R. COUSSAU & F. COUSTALAT
18 & 20 — Rue Gouvion — 18 & 20

1889

ARRIMAGE DES VINS EN FUTS

Règlement d'arrimage du 9 Janvier 1856

Etude et proposition d'une rédaction nouvelle des articles 10, 11, 12.

Par une lettre en date du 20 Août 1888, le Comité des Assureurs maritimes de Bordeaux a prié la Chambre de commerce de vouloir bien demander à l'autorité qui a édicté le règlement sur l'arrimage, de compléter les articles 8 et 9 de ce règlement, par des prescriptions relatives :

1° D'une part, à la limitation et à la disposition des plans des fûts de liquides dans la cale ;

2° D'autre part, à la limitation, quant au nombre et à la disposition, des fûts de liquides chargés sur le pont.

Les Assureurs avaient joint à leur lettre le texte d'un document qu'ils supposaient être le Règlement d'arrimage du port de Bordeaux (Pièce annexe A.)

Les articles 8 et 9 de ce document sont ainsi conçus :

ARTICLE 8. — Vins, Eaux-de-vie, Rhums, Tafias et généralement tous les liquides. Le bouge ne doit point toucher sur le serrage, toute barrique doit être sur bonde, garnie de quatre attins au collet et sur chantier au premier plan, le bouge libre, la garniture en abord doit empêcher le bouge de porter sur le serrage.

ARTICLE 9. — Toute barrique debout est mal arrimée, excepté les boucauts de tabac.

Les modifications demandées tendaient à faire prescrire :

1° Que les fûts dans la cale ne soient pas placés les uns sur les autres au-delà d'un nombre de plans à déterminer ;

2° Que, dès que l'arrimage des futailles a atteint la hauteur des barres sèches, il soit interdit d'en arrimer immédiatement par dessus, et qu'il soit obligatoire d'établir, à cette hauteur, un entre-pont fixe ou mobile, dans toute la longueur du navire, même sous les panneaux ;

3° Que la pontée soit limitée à un seul plan de futailles, couchées, bien arrimées sur des tins assez élevés pour que l'eau circule facilement.

Avec sa sollicitude ordinaire et un empressement dont les Assureurs lui sont reconnaissants, la Chambre de commerce de Bordeaux, dès le 24 août 1888, a transmis à M. le Ministre du Commerce et de l'Industrie la pétition du Comité, en l'appuyant de ses plus sérieuses recommandations.

A cette communication, M. le Ministre a répondu, le 25 septembre 1888, en demandant d'être renseigné exactement sur le caractère du règlement dont il s'agit. M. le Ministre désire savoir, notamment, si le règlement a été édicté par le Gouvernement, ou s'il est seulement consacré par les usages du port de Bordeaux.

Le 28 septembre 1888, M. le Président de la Chambre de commerce a fait connaître au Comité cette demande de renseignements.

Les recherches nécessitées par la question posée ont amené à reconnaître que le règlement annexé à la lettre des assureurs du 20 août 1888, n'est point exactement le règlement d'arrimage du port de Bordeaux. Il paraît plutôt n'être qu'une reproduction du règlement du port du Havre, à cela près que les mesures sont exprimées en pouces anglais, au lieu d'être exprimées en fractions métriques.

Quant au règlement du port de Bordeaux, il a été rédigé par la Chambre de commerce de Bordeaux et se trouve imprimé à la page 16 des *Extraits des procès-verbaux, lettres et mémoires de la Chambre de commerce de Bordeaux*, 11ᵉ série, 7ᵉ volume, année 1856.

Il est donc certain qu'il s'agit d'un règlement d'arrimage purement local, que la Chambre de commerce de Bordeaux a rédigé dans la plénitude de sa compétence, et qu'elle pourrait modifier de sa propre autorité.

Il y a lieu de rappeler les origines de ce règlement, de signaler les diverses circonstances dans lesquelles la Chambre de commerce s'est préoccupée de fixer les règles dont l'observation constituerait un bon arrimage, et de rechercher ce qui est pratiqué dans quelques ports maritimes.

I

Délibérations de la Chambre de commerce de Bordeaux.
Usages des ports français et du port d'Anvers.

Le 25 mai 1855, le Tribunal de commerce du Havre établit un projet, en vue de réglementer l'arrimage des marchandises à bord des bâtiments de commerce.

Il envoya ce projet aux Tribunaux de commerce des ports maritimes et demanda que chacun de ces Tribunaux présentât ses observations, afin qu'un règlement unique sortît de l'échange de leurs communications.

Ce projet de règlement (pièce annexe B) indiquait, ainsi qu'il suit, les précautions à prendre en ce qui regarde les liquides en fûts :

ARTICLE 8. — Les fûts de liquides de toutes sortes doivent être arrimés sur bonde, garnis de quatre attins au collet et sur cercles, sur chantiers au premier plan et le bouge libre, tant sur le serrage que dans les abords.

ARTICLE 9. — Toute barrique debout est considérée mal arrimée, excepté les boucauts de tabac.

M. le Président du Tribunal de commerce de Bordeaux transmit le projet du Havre à la Chambre de commerce de Bordeaux, en faisant remarquer que c'était à elle qu'il appartenait de déterminer les règles de l'arrimage, et que le Tribunal n'avait qu'à les appliquer.

Dans sa séance du 9 janvier 1856, la Chambre de commerce de Bordeaux rédigea un projet de règlement, dans lequel elle modifia quelques-unes des dispositions en usage sur la place de Bordeaux. Elle adressa ce projet de règlement (pièce annexe C) à M. le Président du Tribunal de commerce, en le priant de le transmettre à son collègue du Havre.

Voici, en ce qui regarde les liquides en fûts, le texte de ce projet, qui, sur ce point comme sur les autres, résume, en leur donnant toute authenticité, les usages de la place de Bordeaux. Les articles spéciaux aux liquides en fûts portent les n°ˢ 10, 11 et 12.

Article 10. — Les futailles de vin ou autres liquides, le bouge ne doit pas toucher au serrage ; elles doivent-être sur bondes et saisies par quatre bons coins.

Article 11. — Les fûts de liquides de toutes sortes doivent être arrimés sur bonde, garnis de quatre attins au collet et sur cercles, sur chantiers au premier plan et le bougé libre tant sur le serrage que dans les abords.

Article 12. — Toute barrique debout est considérée mal arrimée, excepté les boucauts de tabac.

Le règlement rédigé par la Chambre de commerce de Bordeaux parait avoir été communiqué au Tribunal de commerce du Havre.

Sous le titre de « Règlement d'arrimage pour le port du Hâvre (Pièce annexe D), l'*Annuaire de la Marine de commerce Française*, année 1888, publie un texte qui est sans doute celui qui a été adopté par le Tribunal de commerce havrais, à la suite des communications échangées avec les Tribunaux de commerce des autres ports.

Dans ce document, les articles 8 et 9 traitent de l'arrimage des liquides en futailles. Ces articles sont ainsi conçus :

ARTICLE 8. — Vin, Eau-de-vie, Rhum, Tafia, et généralement tous les liquides. Le bouge ne doit point toucher le serrage. Toute barrique doit être sur une bonde, garnie de quatre attins au collet et sur chantiers au premier plan. Le bouge libre, la garniture en abord doit empêcher le bouge de porter sur le serrage.

ARTICLE 9. — Toute barrique debout est mal arrimée, excepté les boucauts de tabac.

La Chambre de commerce de Bordeaux eut encore à s'occuper, dans deux occasions, des règles à imposer pour les arrimages.

D'abord le 28 janvier 1863, la Chambre a examiné une communication ministérielle relative à la disposition des barriques dans la cale des navires.

Cette communication conseillait de renoncer à l'arrimage usuel, fait en arrangeant les fûts suivant les formes du navire ; elle préconisait l'arrimage par plans horizontaux.

On trouvera, annexée au présent travail (pièce E), une copie de cette communication, dont la Chambre a d'ailleurs fait application dans un document qu'elle rédigea au mois de septembre 1863, document ci-après mentionné.

Plus tard, en effet, le 30 juillet 1863, la Chambre de commerce d'Anvers adressait à la Chambre de commerce de Bordeaux un projet de règlement d'arrimage (annexe F), et demandait communication des documents analogues et des renseignements que pouvait posséder la Chambre de commerce de Bordeaux. La Chambre de commerce d'Anvers, comme la Chambre de commerce du Havre l'avait fait avant elle, poursuivait l'unification des règlements.

Les articles 13, 14 et 15 de ce projet traitaient de l'arrimage des liquides en fûts.

Pour la première fois, l'article 14 essayait de limiter le nombre des plans.

Ces trois articles étaient ainsi conçus :

ARTICLE 13. — Les huiles, esprits, mélasses et tous autres liquides en barils ou fûts, doivent être arrimés au premier plan, la bonde en haut, sur un chantier, et garnis de quatre collets sur une hauteur telle que le bouge ne puisse toucher le serrage et le reste du chargement; toute barrique, baril ou fût arrimé debout ou de travers'est considéré comme mal arrimé.

ARTICLE 14. — Pour éviter les pertes provenant de la trop grande pression dans l'arrimage, la hauteur des barils, barriques, fûts ou pipes est arrêtée comme suit :

Pour les pipes contenant environ 800 litres, 3 hauteurs ;

Pour les 1/2 pipes contenant 400 litres, 4 hauteurs ;

Pour les 1/4 de pipes contenant 200 litres, 6 hauteurs.

ARTICLE 15. — Tout arrimage contenant du liquide doit être séparé par un fardage de 1/2 pouce.

Dans sa séance du 23 septembre 1863, la Chambre de commerce de Bordeaux, pour répondre à la Chambre anversoise, a arrêté le texte d'un document résumant les principes admis sur la place de Bordeaux en matière d'arrimage. (Pièce annexe G.)

L'article 7 de ce document s'occupe des fûts contenant des liquides. Il est ainsi conçu :

« ARTICLE 7. — Les fûts contenant des liquides doivent être
« arrimés par plans horizontaux, la bonde dessus, de manière que

« les douves des fonds se trouvent dans une position verticale. Le
« premier plan devra, par conséquent, reposer sur un grenier
« horizontal : chaque fût sera supporté par des cadastres, ou par
« quatre coins, afin que le milieu de la barrique ne supporte pas
« seul le poids de la cargaison superposée. »

« Toute barrique placée debout ou en travers sera considérée
« comme mal arrimée. »

Cet article 7 contient, dans son dernier état, la réglementation
résultant des usages bordelais pour l'arrimage des liquides en
fûts ; il exige la disposition des fûts dans la cale par plans
horizontaux. Mais, comme le règlement de 1856, ce document,
antérieur aux importations considérables de vins par chargements
complets sur grands vapeurs, reste muet en ce qui concerne la
pontée et en ce qui concerne le nombre des plans des fûts dans
la cale.

La Chambre de commerce d'Anvers n'a donné aucune suite à
son projet.

En 1875, depuis la rédaction de ce projet, l'institution des
Chambres de commerce officielles a été supprimée en Belgique.

La Commission nautique, instituée par le Tribunal de commerce d'Anvers, se guide, pour la surveillance des arrimages, sur
des usages locaux qui seraient en général conformes aux règles
que l'on suit dans les pays voisins de la Belgique. (Lettre de la
Commission nautique du 8 octobre 1888.)

A Marseille, la constatation des arrimages est confiée à une
institution sans caractère officiel (le Lloyd Marsaillais), dont
l'intervention est quelquefois imposée par le connaissement et dont
les appréciations, acceptées par le commerce, ont été sanctionnées
par des décisions judiciaires. (Jugements de Marseille, 14 mars 1879,

M. 1879, 1, 157 ; 15 février 1881, M. 1881, 1, 106 ; 10 octobre 1882, M. 1882, 1, 14.

Le règlement du Lloyd maritime de Marseille détermine ainsi qu'il suit, en ce qui regarde les fûts de vin, les conditions du bon arrimage.

ARTICLE 10. — Les fûts de liquides de toutes sortes doivent être arrimés sur bonde, garnis de quatre attins au collet et sur cercles, sur chantiers au premier plan, et le bouge libre, tant sur le serrage que dans les abords. Toute barrique, baril ou fût arrimé de travers est considéré comme mal arrimé.

ARTICLE 11. — Toute barrique debout est considérée comme mal arrimée excepté les boucauts de tabac.

ARTICLE 12. — Pour éviter les pertes provenant de la trop grande pression dans l'arrimage, la hauteur des pipes, barriques ou fûts est arrêtée comme suit :

> Pipes de 800 litres 3 hauteurs.
> 1/2 » » 400 » 4 dº
> 1/4 » » 200 » 6 dº

A Nantes et à Dunkerque, c'est le règlement du Havre qui est en vigueur.

II

Modifications demandées
aux articles 10, 11 et 12 du règlement bordelais.
Études préparatoires.

Tel était à Bordeaux, au Havre, à Nantes, à Dunkerque, à Marseille et à Anvers l'état de la question, lorsque les Assureurs se sont préoccupés des avaries journellement constatées sur les fûts de vin exotique importés à Bordeaux par vapeur. Ils ont estimé qu'une partie de ces avaries pouvait, avec justice, être attribuée soit à la superposition immodérée des fûts arrimés dans la cale, soit à l'exagération de la pontée et à sa mauvaise disposition.

Les rapports de MM. les capitaines experts près le Tribunal de commerce avaient déjà confirmé cette opinion. On lit en effet, dans le travail d'un de MM. les Experts, la constatation suivante :

« Je ferais cependant remarquer que les cales de ce navire,
« *non pourvu d'entrepont,* contenaient de *cinq à sept* plans de fûts ;
« ce qui me paraît *excessif,* et que la surcharge provoquée par cet
« arrimage a occasionné quelques avaries, qu'en l'absence de
« règles formelles j'ai évité de qualifier de vice d'arrimage. »

Voulant s'entourer des renseignements les plus précis, MM. les Assureurs consultèrent une Commission composée de capitaines au long-cours et de constructeurs.

Cette Commission donna son opinion, dans une lettre en date du 4 juillet 1888 (Pièce annexe H). C'est à raison des avis développés dans cette lettre, que les assureurs ont cru devoir soumettre la question à l'appréciation de la Chambre de commerce.

Cette Commission a formulé ses conclusions comme il suit :

1° « La Commission est d'avis, à l'unanimité, que, dès que
» l'arrimage atteint la hauteur des barres sèches, on ne doive plus
» rien arrimer par dessus, et qu'alors l'établissement d'un entre-
» pont fixe ou mobile soit obligatoire dans toute la longueur du
» navire, même sous les panneaux. »

2° « Il est évident qu'une pontée exagérée est préjudiciable, non
» seulement à la marchandise dont elle se compose, mais aussi

» à celle qui se trouve dans la cale du navire, en faisant courir à
» celui-ci de plus grands risques de navigation que quand il
» navigue avec le pont dégagé. Lorsqu'il s'agit de futailles, il
» devrait être interdit au capitaine de les placer debout, mais bien
» couchées sur un seul plan, avec l'obligation d'y placer en
» dessous des tins assez élevés, pour que l'eau y circule facile-
» ment....

» Trois membres demandent la suppression complète de la
» pontée, lorsqu'il s'agit de futailles. »

Au vu de ces conclusions, les assureurs ont pensé qu'il y aurait
lieu aujourd'hui de reprendre le règlement de 1856, d'en combi-
ner les articles 10, 11 et 12 avec l'article 7 du document de 1863,
et de compléter ces diverses dispositions par des prescriptions
relatives à la pontée et au nombre des plans dans la cale. En
ce qui regarde ce dernier point, l'article 14 du projet de règlement
d'Anvers et l'article 12 du règlement du Lloyd Marseillais pourraient être utilisés. Sur ce même point, il y a lieu de noter que, à
Rouen, l'usage de la place consacre comme bon arrimage le chargement en quatrième plan. (Lettre de Rouen, 8 octobre 1888).

Un homme compétent a présenté la rédaction suivante à l'examen des Assureurs :

« **A.** Les fûts contenant des liquides doivent être arrimés, autant
« que possible, par plans horizontaux, la bonde dessus, de manière
« que les douves des fonds se trouvent dans une position verti-
« cale (1), le bouge libre, tant sur le serrage que dans les abords,
« et saisis par quatre bons coins (2); le premier plan devra reposer
« sur un fardage horizontal, chaque fût sera supporté par des

(1) Art. 7, 1863.
(2) Art. 10 et 11, 1856.

« cadastres (1) ou par des traverses munies de coins, afin que le
« milieu de la barrique ne supporte pas seul le poids de la cargai-
« son superposée (2).

Il est interdit d'arrimer bouge sur bouge.

« Sous pont, c'est-à-dire dans le spardeck, le faux-pont et la
« cale, le nombre des plans de fûts, dans chacun des dits compar-
« timents, ne devra pas excéder :

Pour les fûts au-dessus de 600 litres, 3 plans.

$\qquad$ »$\qquad$ de 400 $\quad$ » $\quad$ 4 $\quad$ »

$\qquad$ »$\qquad$ de 200 $\quad$ » $\quad$ 5 $\quad$ »

« Après 3, 4 et 5 plans, suivant les distinctions ci-dessus, l'éta-
« blissement d'entreponts fixes ou mobiles sera obligatoire dans
« toute la longueur du navire, même sous les panneaux.

« Tout fût, debout ou en travers, sera considéré comme mal
« arrimé.

« **B.** Pour les navires à vapeur, allant d'un port d'Europe ou
« d'Algérie à un port d'Europe, les tolérances suivantes sont
« admises.

« 1° Dans les spardecks ou faux ponts, les fûts, dont le condi-
« tionnement pourra supporter ce mode d'arrimage, pourront être
« arrimés debout, pourvu qu'ils ne forment qu'un plan unique,
« que rien ne soit chargé par dessus et qu'ils reposent sur un far-
« dage permettant l'écoulement des eaux ou autres liquides.
« 2° Pour les navigations pour lesquelles la loi permet le char-
« gement sur le pont, ou lorsque les intéressés l'auront autorisé,
« la proportion des fûts placés sur le pont ne devra pas excéder
« un dixième du poids du chargement total, cale et pont.

« Les fûts pourront être arrimés debout ou couchés, mais sur

(1-2) Art. 7, 1863.

« un plan unique et élevés sur un fardage permettant l'écoulement
« des eaux ou autres liquides. »

Cette rédaction n'exige l'horizontalité des plans dans la cale
qu'autant qu'elle est possible, parce que les fûts composant les
chargements des vapeurs ne sont pas de dimensions uniformes et
qu'il est, dès lors, difficile d'obtenir une horizontalité parfaite.

De plus, l'arrimage des fûts debout sur le pont ou dans les
spardecks est autorisé, mais seulement pour de courtes traversées,
et sous certaines conditions. En effet, ce mode d'arrimage permet
de donner aux fûts du pont une assiette plus solide.

Sous le pont, le nombre des plans est limité proportionnelle-
ment à la capacité des fûts.

Cette rédaction a été soumise à trois capitaines au long-cours.

Ils ont été priés de formuler, soit séparément, soit ensemble, les
observations qu'elle pourrait leur suggérer, et de présenter au
besoin une nouvelle rédaction.

L'un d'eux estime qu'il n'y aurait aucune critique à formuler
contre un arrimage qui serait établi conformément au projet.
Néanmoins, il fait observer que tolérer une pontée d'un dixième
du chargement total, c'est commettre une imprudente exagération.

Il ne faut pas oublier que certains vapeurs prennent 1,500, 1.800
même 2.000 fûts. Or 150, 180 ou 200 fûts, placés sur le pont
supérieur du spardeck, constitueraient une surcharge, qui accen-
tuerait le roulis du navire, lui ferait parcourir des angles de 40 et
45 degrès, de telle sorte que toute stabilité, toute qualité nautique
lui serait enlevée. L'amplitude exagérée du roulis est la cause
principale des avaries, car, à chaque inclinaison du navire, alter-

nativement sur babord et sur tribord, les fûts en abord supportent tout le poids de la rangée dont ils font partie. Le premier des capitaines consultés serait donc d'avis de *supprimer la pontée ou la réduire bien au-dessous du dixième du chargement total.*

Le second est d'opinion que, en observant les règles posées dans le projet qui lui a été soumis, on arrivera à amoindrir d'une façon très satisfaisante les avaries provoquées à la mer par le roulis et le tangage, et celles aussi occasionnées par le poids du chargement et les écrasements qui en résultent.

Il croit cependant que, si les fûts du premier plan, dans la cale, sont supportés chacun par une cadastre ou par deux traverses munies de coins, il est inutile de les faire reposer sur un fardage.

En ce qui regarde les fûts dont l'arrimage debout est toléré dans les spardecks, il estime qu'ils ne doivent pas être élevés sur un fardage, parce qu'il importe qu'ils reposent sur toutes leurs douves et non pas, seulement, sur celles qui seraient en contact avec les barres du fardage.

Relativement à la pontée, le même capitaine renouvelle tous les reproches formulés par les marins, reproches dont les plus sérieux sont l'encombrement nuisible pour les manœuvres et le déplacement du centre de gravité ; il proscrirait donc absolument la pontée. Néanmoins il accepterait, pour les navires de 1,500 à 2,000 tonneaux, une pontée de 50 fûts placés debout, sans fardage en dessous. Il admettrait que ces fûts soient arrimés couchés, sur des cadastres, et bien saisis en drôme sur le pont, avec des saisines en filin.

Le troisième des capitaines consultés a rédigé par écrit ses observations ; elles sont ainsi conçues :

« I. Il me paraît bien difficile d'obtenir que les cargaisons de
« liquides en fûts soient arrimées par plans horizontaux.

« Ce serait évidemment le mode qui offrirait le plus de sécurité,
« mais il nécessiterait, pour certains navires, une énorme quantité
« de bois de fardage, et la rapidité, avec laquelle se font aujour-
« d'hui les chargements, ne permettrait pas toujours d'observer les
« règles que comporte ce mode d'arrimage.

« A mon avis, il suffit, pour éviter les avaries : 1° de réglementer
« le nombre de plans de fûts à établir dans les cales; 2° de consa-
« crer l'obligation de placer des cadastres sous les extrémités des
« futailles du premier plan, de façon à ce que leurs bouges ne tou-
« chent pas le vaigrage; 3° de garantir de la même façon les bou-
« ges des fûts qui sont dans les abords ; 4° d'interdire pour les
« plans superposés l'arrimage bouge sur bouge.

« La rédaction de ce premier article me paraîtrait alors devoir
« être la suivante :

« Les fûts contenant des liquides doivent être arrimés la bonde
« dessus, de manière que les douves des fonds se trouvent dans une
« position verticale, le bouge libre, tant sur le serrage que dans les
« abords, et saisis par quatre bons coins.

« Chaque fût du premier plan, dans la cale ou dans les entre
« ponts, sera supporté par des cadastres ou par des traverses
« munies de coins, afin que le milieu de la barrique ne supporte
« pas seul le poids de la cargaison superposée.

« Dans les plans placés au-dessus, il est interdit d'arrimer
« bouge sur bouge.

« Sous-pont, c'est-à-dire dans les spardecks, le faux-pont et la
« cale, le nombre des plans de fûts, etc., en conservant le reste de
« la rédaction que j'ai sous les yeux.

« II. — *Tolérances pour les voyages entre l'Algérie et les diffé-*
« *rents ports d'Europe.*

« J'admettrais, comme le projet, que, dans les entreponts ou
« spardecks, on mît les futailles debout, et cela *sans s'occuper de*
« *leur conditionnement,* car toute futaille en bon état peut faire
« une courte traversée debout, surtout s'il est convenu de ne faire
« qu'un plan unique dans chaque entrepont, et de ne rien abso-
« lument placer sur les futailles.

« Quant à un fardage à placer en dessous, je le trouverais plutôt
« *nuisible qu'utile.*

« A mon avis, la rédaction du premier paragraphe des toléran-
« ces devrait être ainsi conçue :

« Dans les spardecks ou faux-ponts, les fûts pourront être
« arrimés debout, à la condition qu'ils ne formeront qu'un plan
« unique et que rien ne soit chargé par-dessus.

« *Pontée.* — La proportion de un dixième du poids du charge-
« ment entier, à placer facultativement sur le pont, me paraît raison-
« nable ; mais je ne serais pas d'avis de tolérer que les futailles
« soient placées debout, quoiqu'on puisse alléguer que debout
« elles risquent moins d'aller au roulis.

« Je les préfèrerais couchées, placées sur des cadastres, comme
« celles du premier plan de la cale, assez élevées pour que l'eau
« circule facilement en dessous, et au besoin saisies par des cor-
« dages, si l'arrimage ne faisait pas clé naturellement.

« Par conséquent, je proposerais de rédiger ainsi le paragraphe
« relatif à la pontée :

« Les fûts seront arrimés couchés, sur un plan unique, et élevés
« sur des cales ou cadastres permettant l'écoulement facile de
« l'eau en dessous. »

Les Assureurs ont examiné ces diverses observations.

Ils ont estimé que la disposition par plans horizontaux donne une grande solidité à l'arrimage; que cette disposition est déjà approuvée par la Chambre de commerce, qui l'a insérée à l'article 7 du document rédigé par elle, le 23 septembre 1863; qu'elle est d'ailleurs facilitée par la forme même des cales des navires à vapeur, et que, dès lors, il y a lieu de maintenir l'obligation de cette disposition pour la généralité des chargements de vin, — que cependant il y a lieu d'accorder quelque tolérance aux navires à vapeur qui transportent les vins exotiques d'Algérie ou d'Europe à Bordeaux. Pour ces navires, il y aurait lieu d'indiquer que l'horizontalité des plans n'est exigée qu'autant que l'uniformité des fûts la rend possible. Pour le premier plan, l'horizontalité devrait être exigée, car ce n'est que pour les plans supérieurs qu'elle peut être empêchée par la variété de forme des fûts.

Toujours en ce qui regarde le transport des vins exotiques, les assureurs estiment qu'il n'y a pas lieu d'exiger le fardage :

1° Sous le premier plan des fûts de la cale ou des entreponts, parce que les fûts sont déjà supportés par des cadastres ou des traverses munies de coins.

2° Sous les fûts placés debout dans le spardeck.

3° Sous les fûts placés debout sur le pont.

Les Assureurs croient que, si l'on autorise l'arrimage des fûts debout sur le pont ou dans le spardeck, il n'y a lieu d'y apporter aucune restriction tirée du conditionnement des fûts ; ce serait ouvrir la porte à des difficultés. Il appartient à l'expéditeur de fournir de bons fûts.

Enfin les Assureurs croient que les dangers des charge-

3

ments sur le pont sont tels, que la proportion d'un dixième est
exagérée; ils seraient d'avis qu'elle ne pût excéder un trentième
du chargement total. De la sorte un navire portant 2.000 fûts
pourra en charger 66 sur son pont, ce qui est une quantité déjà
considérable; dans cette limite, il est indifférent que les fûts
soient debout ou couchés.

III

Projet présenté pour une rédaction nouvelle
des articles 10, 11 et 12 du règlement de 1856.

En résumant les travaux des capitaines et des autres personnes
compétentes consultées, il y a lieu d'établir un projet qui pourrait
devenir la rédaction nouvelle des articles 10, 11 et 12 du règlement d'arrimage de 1856.

Ce projet serait divisé en trois articles : le premier, coté 10,
relatif à tous les fûts, quel que soit leur contenu; le second,
coté 11, relatif aux liquides en fûts en général; le troisième,
coté 12, indiquant les tolérances pouvant être accordées aux vapeurs transportant à Bordeaux des vins venant d'Europe ou d'Algérie.

Ces articles seraient ainsi rédigés :

ARTICLE 10. — Tout fût debout ou en travers sera considéré comme mal arrimé, excepté les boucauts de tabac. (1)

(1) Art. 12, 1856. — Art. 7, 1863.

ARTICLE II. — Les fûts contenant des liquides doivent être arrimés par plans horizontaux, la bonde dessus, de manière que les douves des fonds se trouvent dans une position verticale. Le premier plan devra, par conséquent, reposer sur un tillac ou grenier horizontal (1). Les fûts devront avoir le bouge libre, tant sur le serrage que dans les abords, et être saisis par quatre bons coins (2).

Il est interdit d'arrimer bouge sur bouge.

Chaque fût du premier plan, dans la cale ou dans les entreponts ou spardecks, sera supporté par des cadastres ou par deux traverses munies de coins, afin que le milieu de la barrique ne supporte pas seul le poids de la cargaison superposée. (3).

Sous-pont, les fûts ne devront pas être arrimés sur plus de 3 plans pour les fûts de 600 litres
    4 »   pour les fûts de 400 »
    5 »   pour les fûts de 200 »

Après 3, 4 et 5 plans, suivant les distinctions ci-dessus, l'établissement d'entreponts fixes ou mobiles sera obligatoire dans toute la longueur du navire, même sous les panneaux.

ARTICLE 12. — Pour les navires à vapeur, venant à Bor-

(1) Art. 7, 1363.
(2) Art. 10 et 11, 1856.
(3) Art. 7, 1863.

deaux, d'un port d'Europe ou d'Algérie, les tolérances suivantes sont admises.

1° Dans le cas où la loi permet le chargement sur le pont, ou lorsque le capitaine aura l'autorisation des intéressés, le nombre des fûts placés sur le pont ne pourra excéder un trentième du chargement total. Les fûts seront arrimés sur un plan unique, solidement saisis, debout ou couchés. Les fûts couchés seront élevés sur des cales ou cadastres permettant l'écoulement facile de l'eau en dessous.

2° Dans les spardecks ou faux-ponts, les fûts pourront être arrimés debout, à la condition qu'ils ne forment qu'un plan unique et que rien ne soit chargé par dessus.

Sous pont, les fûts devront être arrimés par plans horizontaux, autant que les formes des fûts et leurs dimensions permettront cette disposition.

Le premier plan devra être horizontal; sous le premier plan aucun fardage ou grenier autre que des cadastres ou traverses munies de coins ne sera exigé si le navire a un tillac horizontal.

Les prescriptions des articles 10 et 11, auxquelles il n'est pas dérogé par l'article 12, devront être observées.

La rédaction qui précède a été arrêtée, en Assemblée générale, par les Membres du Comité des Assureurs maritimes de Bordeaux, le 28 novembre 1888.

Cette Assemblée a invité son Bureau à soumettre cette rédaction à la Chambre de commerce de Bordeaux, en la priant de l'examiner et de la substituer, si elle le juge convenable, aux articles 10, 11 et 12 du Règlement du 9 janvier 1856.

En même temps, l'Assemblée a chargé son Bureau d'exprimer à M. le Président et à MM. les Membres de la Chambre de commerce sa respectueuse reconnaissance pour la sollicitude avec laquelle la Chambre a bien voulu accueillir et appuyer les démarches des Assureurs.

Le Comité des Assureurs Maritimes
de Bordeaux.

PIÈCES ANNEXES

A

Règlement d'Arrimage des navires.

ARTICLE PREMIER. — Sucre brut, terré, boucauts de tabacs et de café, sel de soude, potasse, garance et riz, un grenier de six pouces sous le bouge de la barrique, à partir du serrage, garniture dans les abords, pour empêcher le bouge de toucher au serrage.

ART. 2. — Caisses de sucre, huit pouces de grenier ; même garniture en abord.

ART. 3. — Café et gomme en sacs, cochenille, caisses de de gomme-laque, indigo, balles de tabac, et ballots de marchandises sèches, dix pouces de grenier.

ART. 4. — Coton arrimé sur lest propre, six pouces de grenier.

ART. 5. — Coton arrimé sur lest mêlé de sable, six pouces de grenier ; les balles doivent être posées sur du bois, le sable étant un corps spongieux.

ART. 6. — Tout corps spongieux ou lest susceptible d'avarier les marchandises n'est pas réputé grenier ; elles doivent en être séparées par du bois.

ART. 7. — Savon, un pouce et demi de grenier.

ART. 8. — Vin, eau-de-vie, rhum, tafia, et généralement tous les liquides : le bouge ne doit point toucher sur le serrage ; toute barrique doit être sur bonde, garnie de quatre attins au collet et sur chantier au premier plan, le bouge libre, la garniture en abord doit empêcher le bouge de porter sur le serrage.

Art. 9. — Toute barrique debout est mal arrimée, excepté les boucauts de tabacs.

Art. 10. — Les cuirs doivent être arrimés tête, ventre et queue en abord ; le grenier élevé de dix pouces.

Art. 11. — Dans tout navire avec entrepont, les marchandises doivent être élevées sur un grenier d'un pouce, mis en travers pour faciliter l'écoulement des eaux en abord, excepté pour les cuirs, balles de laine et de coton qui sont arrimés à coups de cric.

Dans le cas où les entreponts ne seraient point calfatés, c'est-à-dire à claire-voie, il ne faudrait pas de grenier.

Art. 12. — Tout logement d'équipage doit être bien calfaté et avoir des orgues tribord et babord pour l'écoulement des eaux, et à la cloison une tringle de deux à trois pouces de hauteur bien calfatée, pour empêcher l'eau de se rendre dans l'entrepont ou dans la cale, s'il n'y a pas d'entrepont ; autrement toutes les marchandises avariées à la coupée seraient pour compte du capitaine.

Art. 13. — Même précaution pour la cambuse.

Art. 14. — Le grenier à la couche ou ventrière doit être de six pouces pour toutes marchandises, excepté le sucre brut, pour lequel quatre pouces suffisent.

Art. 15. — Pour les liquides, il est entendu qu'il suffit que le bouge ne touche point au serrrage.

Art. 16. — Le tour des mâts et des bittes doit être garni avec du bois d'un pouce d'épaisseur.

Art. 17. — Tout navire doit avoir une archipompe.

Art. 18. — Pour toute marchandise, le grenier doit être, en abord, d'un pouce et assez rapproché pour qu'elle ne touche point au serrage ; cette garniture est toujours préférable dans le sens de la membrure, pour l'écoulement des eaux, excepté pour les cotons et laines qui, étant arrimés à coups de cric, rendent cette mesure illusoire.

B

Port du Havre.

Projet de Règlement d'Arrimage des marchandises à bord des navires de Commerce,

arrêté le vingt-trois mai mil huit cent cinquante-cinq, par le Tribunal de commerce et la Chambre de commerce du Havre réunis.

Article premier. — Fardage de 17 centimètres pour sucre brut et terré, boucauts de tabac et fûts de café, sel de soude, potasse, garance et riz.

Art. 2. — Grenier de 28 centimètres pour cafés et gommes en sacs, cochenille, caisse de gomme laque, indigo, balles de tabac, et ballots ou caisses de marchandises sèches.

Art. 3. — Grenier de 17 centimètres pour coton sur lest propre et bois dessus.

Art. 4. — Grenier de 22 centimètres pour coton sur lest mêlé de sable et bois dessus.

Art. 5. — Tout lest susceptible d'avarier les marchandises, tel que charbon, sable, sel et autres, n'est pas réputé grenier.

Art. 6. — Toutes marchandises sèches arrimées sur bois de Jacaranda, acajou, bois de teintures ou autres spongienx doivent en être séparés par des planches ou nattes.

Art. 7. — Grenier de 3 centimètres pour savon en caisse.

Art. 8. — Les fûts de liquides de toutes sortes doivent être arrimés sur bonde garnis de quatre atins au collet et sur cercles, sur chantiers au premier plan et le bouge libre, tant sur le serrage que dans les abords.

Art. 9. — Toute barrique debout est considérée mal arrimée, excepté les boucauts de tabac.

Art. 10. — Les cuirs doivent être arrimés tête, ventre et queue en abord et le grenier élevé de 28 centimètres.

Art. 11. — Dans les navires avec entrepont-plein calfaté, les marchandises doivent y être élevées sur un grenier de 3 centimètres mis en travers pour faciliter l'écoulement des eaux en abord, excepté pour les cuirs, balles de laine et de coton ou autres qui sont arrimées à coups de cric.

Art. 12. — Tout logement d'équipage sous le pont doit être calfaté, et avoir des orgues pratiquées dans les abords pour l'écoulement de l'eau; et à la cloison une tringle de 6 à 8 centimètres de hauteur bien calfatée pour empêcher l'eau de se rendre dans l'entrepont ou dans la cale. Les mêmes précautions doivent être prises à l'égard de la cambuse.

Art. 13. — Le tour des mâts et bittes et des archipompes doit être garni avec du bois d'au moins 3 centimètres.

Art. 14. — Le grenier à la couche ou ventrière doit être de 17 centimètres pour toute espèce de marchandises.

Art. 15. — Pour toute marchandise, excepté pour les cotons et laines ou autres arrimées à coups de cric, le garni, dans les abords, doit être de 3 centimètres et placé verticalement.

ART. 16. — Tout bâtiment doit avoir une archipompe.

ART. 17. — Lorsqu'un navire est chargé, ses panneaux doivent être condamnés, calfatés, brayés, limandés et recouverts de bons prélarts cloués autour des hiloires avec des tringles si le chargement comprend des marchandises sèches et susceptibles de s'avarier; et dans le cas où le chargement ne comprend pas des marchandises sèches, les écoutilles devront néanmoins être solidement fermées et recouvertes de bons prélarts.

CERTIFIÉ :

Le Président du Tribunal de Commerce,

Signé : L.-A. WONTERS.

Grains, poivres, cacaos, riz en paille en grenier, 40 centimètres de fardage recouverts de nattes.

C

CHAMBRE DE COMMERCE DE BORDEAUX

Séance du 9 Janvier 1856.

ARRIMAGE

M. le Vice-Président, au nom de la Commission du courtage et de l'arrimage, fait un rapport sur la demande dont la Chambre a été saisie par le président du Tribunal de commerce de

Bordeaux, et qui a été adressée par le président du Tribunal de commerce du Havre.

Modifiant quelques-unes des dispositions en usage sur la place de Bordeaux, la Chambre décide que le projet suivant de règlement sera adressé au président du Tribunal de commerce avec prière de la transmettre au Havre :

Règlement et soins de conserve qu'on doit apporter dans l'arrimage des marchandises, d'après l'usage de la place de Bordeaux.

1° Sucre brut en barriques ; un fardage de 17 centimètres au moins, c'est-à-dire que le bouge de la barrique soit élevé de 17 centimètres au-dessus du serrage.

2° Sucre terré, soit en caisses, boucauts ou barils ; café en futailles ; indigo en caisses et surons ; tabac, riz et garance en futailles ; potasse, un fardage de 25 centimètres au-dessus du serrage.

3° Cochenille, un fardage de 32 centimètres.

4° Coton ; il doit être placé sur des bois ou planches au-dessus du lest, élevé de 22 centimètres au-dessus du serrage pour lest mêlé de sable, et de 17 centimètres seulement sur lest propre.

5° Cacao, gomme, salpêtre en sacs, guinées, sucres en sacs, et généralement toutes marchandises en sacs et ballots, le fardage doit être élevé au-dessus du serrage de 38 centimètres au moins.

6° Toutes marchandises sèches, arrimées sur bois de teinture ou autres spongieux, doivent être séparées par des nattes ou planches.

7° Pour les marchandises en grenier, tels que grains, cacaos, poivres, riz en paille, le fardage doit être également de 38 centimètres, recouvert de nattes.

8° En général, le grenier ou fardage doit être, à la couche du navire aussi élevé que le long de la carlingue, et surtout aux navires à fonds plats.

9° Cuirs secs ou en poil, tête, queue ou ventre en abord ; tous cuirs étendus sur vaigres, archipompe, mâts ou bittes sont considérés greniers.

10° Les futailles de vin ou autres liquides, le bouge ne doit pas toucher au serrage ; elles doivent être sur bondes et saisies par quatre bons coins.

11° Les fûts de liquides de toutes sortes doivent être arrimés sur bonde, garnis de quatre atins au collet et sur cercles, sur chantiers au premier plan et le bouge libre, tant sur le serrage que dans les abords.

12° Toute barrique debout est considérée mal arrimée, excepté les boucauts de tabac.

13° Dans les navires avec entrepont-plein calfaté, les marchandises doivent y être élevées sur un grenier de 3 centimètres mis en travers pour faciliter l'écoulement des eaux en abord, excepté pour les cuirs, balles de laine et de coton ou autres, qui sont arrimés à coups de cric.

14° Tout logement d'équipage sous le pont doit être calfaté et avoir des orgues pratiquées dans les abords pour l'écoulement de l'eau, et à la cloison une tringle de 6 à 8 centimètres de hauteur, bien calfatée, pour empêcher l'eau de se rendre dans l'entrepont ou dans la cale. Les mêmes précautions doivent être prises à l'égard de la cambuse.

15° Le tour des mâts, des bittes, et de l'archipompe, doit être garni avec du bois d'au moins 3 centimètres.

16° Le grenier, à la couche ou ventrière, doit être de 17 centimètres pour toute espèce de marchandises.

17° Pour toute marchandise, excepté pour les cotons et laines ou autres, arrimées à coups de cric, le garni, dans les abords, doit être de 3 centimètres et placé verticalement.

18° Tout bâtiment doit avoir une archipompe.

19° Lorsqu'un navire est chargé, ses panneaux doivent être con-damnés, calfatés, brayés, limandés et recouverts de bons prélarts cloués autour des hiloires avec des tringles, si le chargement com-prend des marchandises sèches et susceptibles de s'avarier ; et dans le cas où le chargement ne comprend pas de marchandises sèches, les écoutilles devront, néanmoins, être solidement fermées et recouvertes de bons prélarts.

20° Il est entendu que le bois servant de garniture en abord doit être assez rapproché pour que les marchandises ne touchent pas le long du bord ; cette garniture est toujours préférable dans le sens des membres du navire.

(Extraits des procès-verbaux, lettres et mémoires de la Chambre de Commerce de Bordeaux, seconde série, septième volume, année 1856, p. 16).

D

Règlement d'Arrimage pour le port du Havre.

ARTICLE PREMIER. — Sucre brut, terré, boucauts de tabac et de café, sel de soude, potasse, garance et riz, un grenier de 162 millimètres sous le bouge de la barrique, à partir du serrage, garnitures dans les abords pour empêcher le bouge de toucher au serrage.

ART. 2. — Caisse de sucre, 217 millimètres de grenier.

Art. 3. — Café et gomme en sacs, cochenille, caisse de gomme laque, indigo, balles de tabac et ballots de marchandises sèches, 271 millimètres de grenier.

Art. 4. — Coton arrimé sur lest propre, 162 millimètres de grenier.

Art. 5. — Coton arrimé sur lest mêlé de sable, 162 millimètres de grenier ; les balles doivent être posées sur du bois, le sable étant un corps spongieux.

Art. 6. — Tout corps spongieux ou lest susceptible d'avarier les marchandises, n'est pas réputé grenier; elle doivent en être séparées par du bois.

Art. 7. — Savon, 41 millimètres de grenier.

Art. 8. — Vin, eau-de-vie, rhum, tafia et généralement tous les liquides, le bouge ne doit point toucher le serrage, toute barrique doit être sur une bonde, garni de quatre attins au collet et sur chantier au premier plan, le bouge libre, la garniture en abord doit empêcher le bouge de porter sur le serrage.

Art. 9. — Toute barrique debout est mal arrimée, excepté les boucauts de tabac.

Art. 10. — Les cuirs doivent être arrimés tête, ventre et queue en abord ; le grenier élevé de 271 millimètres.

Art. 11. — Dans tout navire avec entrepont, les marchandises doivent être élevées sur un grenier de 27 millimètres, mis en travers pour faciliter l'écoulement des eaux en abord, excepté pour les cuirs, balles de laine et de coton, qui sont arrimés à coups de cric.

Dans le cas où les entreponts ne seraient point calfatés, c'est-à-dire à claire-voie, il ne faudrait pas de grenier.

Art. 12. — Tout logement d'équipage doit être bien calfaté et avoir des orgues tribord et babord pour l'écoulement des eaux et à la cloison une tringle de 55 à 81 millimètres de hauteur, bien calfatée, pour empêcher l'eau de se rendre dans l'entrepont ou dans la cale, s'il n'y a pas d'entrepont. Autrement toutes les marchandises avariées à la coupée, seraient pour compte du capitaine.

ART. 13. — Mêmes précautions pour la cambuse.

ART. 14. — Le grenier à la couche ou ventrière doit être de 162 millimètres pour toutes marchandises, excepté le sucre brut, pour lequel 108 millimètres suffisent.

ART. 15. — Pour les liquides il est entendu qu'il suffit que le bouge ne touche point au serrage.

ART. 16. — Le tour des mâts et des bittes doit être garni, avec du bois de 27 millimètres d'épaisseur.

ART. 17. — Tout navire doit avoir une archipompe.

ART. 18. — Pour toute marchandise le garni doit être en abord, de 27 millimètres et assez rapproché pour qu'elle ne touche point au serrage ; cette garniture est toujours préférable dans le sens de la membrure, pour l'écoulement des eaux, excepté pour les cotons et laines, qui, étant arrimés à coups de cric rendent cette mesure illusoire.

CHAMBRE DE COMMERCE DE BORDEAUX

Séance du 28 Janvier 1863.

M. Chalès fait un rapport sur la lettre du Ministre (15 janvier 1863) relatif à l'arrimage des barriques dans les bâtiments à destination de la Californie et de l'Australie.

La Chambre décide que les instructions transmises par Son Excellence seront portées à la connaissance des Armateurs, des capitaines et des arrimeurs ; qu'à cet effet, elles seront lithographiées au nombre de 150 exemplaires.

Voici un extrait de ces instructions :

Mode d'arrimage des liquides en fûts à bord des navires.

Arrimage défectueux (navires français) — **Arrimage préférable** (navires anglais)

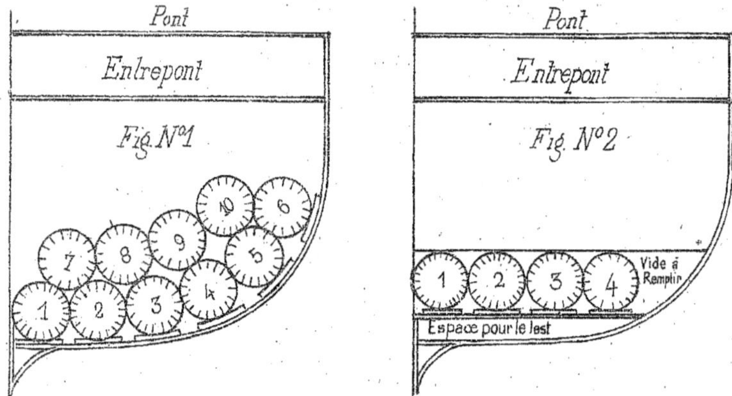

La figure n° 1 représente l'arrimage des navires français en général, et par ce plan, l'on peut voir que seulement les deux barriques n° 1 et n° 2 seront assises d'aplomb, c'est-à-dire de manière à ce que le centre, les fonds de la barrique reposent carrément. La barrique n° 3 n'est pas assise tout à fait d'aplomb ; elle est toutefois assez hors d'aplomb pour occasionner le déplacement des fonds de la barrique, si elle a à supporter un poids considérable. Le n° 4 est entièrement sur le flanc, et est soumis à une pression provenant du chargement au-dessus ; d'un autre côté, quand le navire en mer sera sur tribord, la cargaison entière de babord portera dessus, et produira le déplacement des fonds de cette barrique. Comment en pourrait-il être autrement quand il n'y a rien sous son centre pour la supporter ? Les n°s 5 et 6 sont arrimés de la même manière ; les barriques 7 et 8 sont mieux placées si l'arrimage doit être fait en plaçant alternativement les barriques sur leur flanc et sur leurs fonds ; les n°s 9 et 10 sont mal arrimés ; ces barriques n'ont pas d'assiette, et à partir de ce point, dans des navires arrimés de cette façon, un grand nombre de barriques doivent se trouver dans une position analogue et également mauvaise, mais avec un pareil système d'arrimage, les plus grandes avaries se trouveront dans les rangs analogues aux n°s 5 et 9, les rangs supérieurs n'étant pas soumis à une pression aussi considérable.

Les barriques de bière et de rhum peuvent être soumises à une bien plus grande pression que celles d'eau-de-vie, leurs flancs sont bien plus rebondis ; leur douvelles et leur cerclure bien plus fortes ; toutefois, si pour un voyage ici elles étaient arrimées suivant le plan n° 1, avec un poids considérable par dessus, il y aurait aussi des avaries occasionnées par le déplacement des fonds des barriques. La barrique d'eau-de-vie, en raison de sa forme plus aplatie, s'effondre bien plus facilement que celle de bière ou de rhum. C'est à cet arrimage défectueux qu'il faut attribuer entièrement et seulement les nombreuses réclamations contre les navires français, car quoique le flanc de la barrique soit libre, elle n'a pas d'assiette, et elle devrait être assise carrément d'aplomb. En cas de dispute, les arbitres ne pourraient alors rendre qu'un verdict de bon arrimage, bonde dessus et flanc de barrique libre, de sorte que si les douvelles portaient des marques de pression, ces marques elles-mêmes prouveraient le bon arrimage et justifieraient le capitaine.

La figure n° 2 représente l'arrimage de barriques tel qu'il devrait être fait sur des navires destinés à de longues traversées. Chaque barrique devrait être assise parfaitement d'aplomb, à fond de cale, sur un bon fardage en planches. Remplissant les vides sur les côtés avec du fardage de niveau avec les barriques, après quoi on arrimerait un deuxième rang de la même manière, et ainsi de suite. L'assiette des barriques serait ainsi exactement sous le centre des fonds, où elle devrait toujours être.

Avec un pareil arrimage, des avaries ne pourraient provenir que de fortune de mer ou d'un défaut dans le conditionnement des barriques, et de plus, de cette manière, le navire contiendrait plus que par le procédé d'arrimage du plan n° 1 ; car dans le plan n° 2, il n'y aurait qu'une seule interruption sur les flancs du rang à fond de cale, alors qu'avec le plan n° 1 les interruptions sont continuelles jusqu'au haut du chargement.

(Extraits des procès-verbaux, lettres et mémoires de la Chambre de Commerce de Bordeaux, seconde série, quatorzième volume, année 1863, page 45).

F

COMMUNICATION DE LA CHAMBRE DE COMMERCE D'ANVERS

Projet d'instructions générales.

Pour l'arrimage des marchandises à mettre en usage pour la place de. . . . .

ARTICLE PREMIER. — Le sucre, le café, le riz, la potasse, le tabac ou toute autre marchandise en barils, barriques ou boucauts, doit être arrimée sur un grenier de dix pouces de hauteur, depuis la carlingue jusqu'au-dessus de la couche, dans des ventrières de quatre pouces. Le reste du fardage doit être d'une épaisseur telle que la bouge de la barrique reste au moins à 1 1/2 pouce du vaigrage.

ART. 2. — On ne pourra arrimer l'une au-dessus de l'autre des

marchandises qui peuvent se gâter par le contact direct ou in-
direct.

ART. 3 — Pour toutes marchandises sèches en sacs ou balles,
le fardage doit être élevé de dix pouces au moins, au-dessus du
serrage et recouvert de nattes dans des ventrières de cinq pouces,
le reste le long du vaigrage de 2 1/2 pouces au moins doit être
également recouvert de nattes ainsi que les bittes, archipompes,
mâts, barrots de faux-pont, épontilles, bacs à chaînes, etc.

ART. 4. — Pour les navires à fond plat, le grenier doit être, à la
couche, aussi élevé que le long de la carlingue ; pour les navires
fins on admet un 1/3 de moins dans la couche.

ART. 5. — Le lin, le chanvre, l'étoupe ou toute autre marchandises qui, par sa nature, est sujette à absorber l'humidité, doit
avoir un grenier élevé au moins de dix pouces depuis la carlingue
jusqu'au-dessus de la couche, le long du vaigrage de 2 1/2 pouces
et être recouverte de nattes ainsi que les bittes, les mâts, les archipompes, les barrots de faux pont, épontilles, les bacs à chaînes, etc.

ART. 6. — Les bois servant au fardage ou grenier devront être
bien secs.

ART. 7. — Dans aucun cas le sable, le sel ou toute autre matière pouvant produire de l'humidité, de même que le bois frais
ouvert, ne pourra servir au fardage ou grenier, les avaries résultant de ce chef seront imputables au capitaine.

ART. 8. — Tout navire faisant le grand cabotage chargé de
grains en vrac ou de graines, doit être muni d'une double cloison
longitudinale bien fixée, le fardage du grenier doit être élevé
de huit pouces, depuis la carlingue jusqu'au-dessus de la couche,
et recouvert de toiles ou nattes, les côtés de la cale, les cloisons
transversales, les archipompes, bacs à chaîne seront garnis de
toiles ou nattes, et les issues des paracloses bien fermées afin

d'empêcher l'infiltration des graines dans la charpente et l'obstruction des pompes.

Art. 9. — Pour le petit cabotage le chargement sera le même que dans l'article précédent, mais le fardage du grenier doit être simplement élevé de six pouces et recouvert également de toiles ou nattes.

Art. 10. — Les cuirs salés doivent être arrimés sur un fardage de cornes branchages ou bois bien applani de la hauteur de huit pouces. Les os ne pourront pas servir pour cet usage parce que leur contact gâte les cuirs salés. On peut toutefois les employér s'ils sont recouverts de planches. Dans l'arrimage on ne peut rouler ni doubler les cuirs ; chaque cuir doit être entièrement étendu, bien saturé de saumure et parsemé de sel. Quand on charge sur les cuirs salés des cuirs secs, en poil ou toute autre marchandise craignant l'humidité ou la salure, on doit former, par dessus les cuirs salés, un second fardage de même bois ou planches bien jointes à la hauteur d'un pouce.

Art. 11. — Si l'on veut charger des cuirs secs au fond du navire, le fardage en cornes ou bois d'arrimage doit être de dix pouces au-dessus du vaigrage. Les cuirs secs doivent s'arrimer de manière que le dos ne touché pas le serrage ; les abords doivent être munis de planches, nattes ou cuirs à garnir, aucun cuir de chargement ne pourra être employé comme garniture ; le capitaine devra se servir des cuirs embarqués pour cet usage, si non, il supportera la responsabilité des avaries.

Art. 12. — Lorsque dans un chargement composé entièrement de cuirs secs, qui n'est pas assez lourd pour donner au navire la stabilité nécessaire, il faut se procurer du lest, il est strictement défendu de se servir de sable ou de gravier. Le lest en pierres doit être recouvert de planches.

Art. 13. — Les huiles, vins, esprits, mélasses et tous autres liquides en barils ou fûts doivent être arrimés au premier plan, la bonde en haut sur un chantier, et garnis de quatre collets sur une hauteur telle que le bouge ne puisse toucher le serrage et le reste du chargement. Toute barrique, baril ou fût arrimé debout ou de travers est considéré comme mal arrimé.

Art. 14. — Pour éviter les pertes provenant de la trop grande pression dans l'arrimage, la hauteur des barils, barriques, fûts ou pipes est arrêtée comme suit :

Pour les pipes	contenant environ 800 litres, 3 hauteurs.
» demi-pipes	»	400	»	4	»
» quarts de pipes	»	200	»	6	»

Art. 15. — Tout arrimage sur barils contenant du liquide doit en être séparé par un fardage de 1 1/2 pouce.

Art. 16. — La thérébentine, le coaltar, pétroleum ou toute autre marchandise exhalant une forte odeur ne pourra être chargée avec des provisions alimentaires, tabacs ou autres marchandises qui pourraient perdre en valeur ou en qualité de ce chef.

Art. 17. — Tout navire ayant un entrepont fixe ou calfaté doit être muni de dallots ou orgues et avoir un fardage de 2 1/2 pouces de hauteur en travers sur ce pont. Pour les sacs et ballots, barils ou caisses, un pouce de hauteur suffit.

Art. 18. — Le bois servant au fardage pour ballots, balles, caisses ou barils doit être fixé contre le serrage de manière qu'il ne puisse glisser par le mouvement du navire. On n'acceptera aucune excuse si, au déchargement, le bois ou fardage sus mentionné se trouve déplacé.

Art. 19 — L'absence d'un règlement qui détermine la flottaison de charge d'un navire occasionne souvent des contestations. Pour prévenir ces difficultés, on adopte la méthode suivante : la ligne de flottaison ou de charge doit être en proportion du creux du navire, mesurée au milieu depuis le vaigrage contre la carlingue jusque sous le pont, d'après la table suivante, à mesurer hors du bois depuis la ligne de flottaison de charge jusque sous le pont mesuré au milieu.

TABLE

CREUX DE LA CALE AU MILIEU	POUCES PAR PIED DE CREUX	IMMERSION DU DESSOUS DU PONT A LA SURFACE DE L'EAU
Huit pieds	Un et demi pouces.	Un pied.
Neuf »	Deux »	Un pied six pouces.
Dix »	Deux et quart »	Un pied 10 1/2.
Onze »	Deux et demi »	Deux pieds 3 1/2.
Douze »	Trois »	Trois pieds.
De douze à vingt pieds.	Trois »	
De vingt et au-dessus.	Trois et demi »	

ART. 20. — Les navires chargeant en plein des charbons de terre, surtout ceux d'un fort tonnage pour les voyages transatlantiques ou le long-cours, doivent être munis de tuyaux ou conducteurs servant à l'échappement du gaz, afin d'éviter l'explosion ou l'incendie.

ART. 21. — Les produits chimiques ou telles autres marchandises qui, par contact, sont sujettes à combustion, doivent être emballées de manière à empêcher cette combustion. Dans les cas contraires, ces marchandises devront être placées sur le pont pour qu'en cas d'incendie elles puissent à l'instant même être jetées à la mer.

ART. 22. — L'emballage des marchandises, tel que natte, toile, etc. ne peut en aucun cas être reputé comme fardage.

ART. 23. — Le capitaine est reponsable pour les sacs coupés, les balles ou caisses ouvertes dans la cale de son navire.

ART. 24. — Toutes les dimensions données ci-dessus sont en pieds et pouces, mesure anglaise.

G

CHAMBRE DE COMMERCE DE BORDEAUX

Séance du 23 Septembre 1863.

Arrimage des Marchandises.

M. Chalès fait un rapport sur la lettre de la Chambre de commerce et des fabriques d'Anvers relative à l'arrimage des marchandises.

Conformément aux conclusions de l'honorable rapporteur, la réponse suivante sera adressée à cette Chambre.

23 Septembre 1863.

Messieurs,

Vous nous avez fait l'honneur de nous écrire, le 30 Juillet, afin de sigaler à notre attention la nécessité d'établir certaines règles fixes et communes aux principaux ports européens pour l'arrimage des marchandises, de manière à éviter les différences auxquelles ces arrimages donnent lieu.

Nous pensons avec vous que ce serait là une amélioration extrémement désirable, et qui serait fondée en résultats des plus avantageux.

Le projet que vous avez bien voulu nous transmettre à cet égard a été l'objet d'un examen attentif; il a été étudié par des personnes ayant une connaissance parfaite de la navigation.

Il nous a semblé qu'afin d'arriver à la réalisation du plan qui est l'objet de vos désirs et des nôtres, il était à propos de simplifier autant que possible les règles dont l'adoption devra être proposée dans les divers ports. C'est la pensée qui nous a guidés dans la rédaction du projet que nous vous communiquons ; nous serions heureux d'apprendre qu'il obtient votre assentiment.

Les principes admis par notre place en matière d'arrimage sont exposés dans la pièce que vous trouverez sous ce pli. Ce sont là des usages qni remontent à une époque reculée, et dont l'origine n'est pas bien connue ; ils n'ont point de sanction officielle, et ils auraient besoin d'être revus et modifiés.

Vous nous obligerez beaucoup en nous faisant savoir quel a été le résultat des démarches que vous faites avec un zèle fort digne d'éloges, afin d'arriver à un état de choses qui serait un bienfait pour le commerce maritime universel.

Voici la teneur du document qui accompagnait cette lettre :

Article Premier. — Toute marchandise susceptible d'être avariée par l'humidité devra être arrimée sur un grenier de 25 centimètres de hauteur au-dessus du surage depuis la carlingue jusqu'au-dessus de la couche pour les navires à fond plat. Cette hauteur pourra être réduite à 15 centimètres à la couche pour les navires à varangues relevées. Au-dessus, et jusqu'à la hauteur du pont supérieur, les côtés des navires seront recouverts d'une garniture de 3 à 4 centimètres d'épaisseur, de même que les mâts, archipompes, bittes, et tout ce qui est en communication directe avec le pont.

Art. 2. — Pour toutes marchandises en grenier, sacs ou balles, le fardage, tant à fond de calе qu'en abord, devra être recouvert de nattes, toiles ou autres objets analogues; il en sera de même des barres sèches en fer, quand il en existera.

Art. 3. — Les objets servant de grenier ou de fardage devront être secs et assez rapprochés pour que les marchandises ne touchent pas le bord ; ils devront être placés de préférence dans le sens vertical.

ART. 4. — On ne pourra arrimer l'une à côté de l'autre, ou l'une au-dessus de l'autre, sans les séparer convenablement des marchandises qui peuvent se gâter par le contact ou par la superposition.

ART. 5. — Tout navire chargé de grains ou autres marchandises en vrac devra avoir une cloison longitudinale convenablement fixée pour empêcher que le chargement puisse être porté tout d'un côté, à la gîte du navire.

ART. 6. — Les cuirs secs doivent être arrimés de manière que le dos ne touche pas en abord. Aucun cuir de chargement ne pourra être employé comme garniture.

ART. 7. — Les fûts contenant des liquides doivent être arrimés par plans horizontaux, la bonde dessus, de manière que les douves des fonds se trouvent dans une position verticale. Le premier plan devra, par conséquent, reposer sur un grenier horizontal ; chaque fût sera supporté par des cadastres ou par quatre coins, afin que le milieu de la barrique ne supporte pas seul le poids de la cargaison superposée.

Toute barrique placée debout ou en travers sera considérée comme mal arrimée.

ART. 8. — La térenbenthine, le coltar, l'huile de pétrole, ou toute marchandise exhalant une forte odeur, ne pourra être chargée avec des provisions alimentaires, tabacs ou autres marchandises qui pourraient perdre en valeur, ou en qualité par suite de ce voisinage.

ART. 9. — Les navires ayant un entrepont devront pratiquer des dallots en abord pour l'écoulement des eaux dans les mailles. Les marchandises devront y être arrimées sur des planches ou du bois mis en travers et d'une hauteur de 2 à 3 centimètres.

Art. 10. — Les tillacs avant et arrière doivent être calfatés et avoir de petits dallots en abord dans les angles. La cloison de séparation devra être munie, dans sa partie inférieure, d'une forte tringle bien calfatée pour empêcher l'eau de se rendre dans l'entrepont, ou dans la cale s'il n'y a pas d'entrepont.

Art. 11. — Avant la mise en mer, les panneaux doivent être condamnés. Il est exigé qu'ils soient calfatés, brayés, limandés et recouverts de double prélarts, cloués autour des hiloires avec des tringles.

Art. 12. — Les navires chargés en plein de charbon de terre, surtout ceux d'un fort tonnage pour les voyages transatlantiques ou le long-cours, doivent être munis de tuyaux conducteurs servant à l'échappement du gaz, afin d'éviter l'explosion ou l'incendie.

Art. 13. — Les produits chimiques sujets à combustion spontanée devront être placés sur le pont.

(Extraits des Procès-verbaux, lettres et mémoires de la chambre de commerce de Bordeaux, seconde série, quatorzième volume, année 1863, page 417).

H

Bordeaux le 4 Juillet 1888,

Messieurs les Membres du Comité des Assureurs Maritimes

de Bordeaux.

Messieurs,

Nous avons l'honneur de vous remettre ci-dessous les réponses aux questions qui nous ont été posées dans la réunion du 2 courant, et que nous avons délibérées et arrêtées en notre séance de ce jour.

RÉPONSES

Première question. — *Y a-t-il lieu de réglementer le mode de chargement de la pontée, ou de limiter ou supprimer la pontée ?*

Il est évident, qu'une pontée exagérée est préjudiciable, non seulement à la marchandise dont elle se compose, mais aussi à celle qui se trouve dans la cale du navire, en faisant courir à celui-ci de plus grands risques de navigation, que quand il navigue avec le pont dégagé.

Mais, en présence de l'article 229 du Code de commerce, qu[i] autorise le capitaine à mettre des marchandises sur le pont, pour les voyages de petit cabotage, il paraît difficile à la Commission d'assimiler les voyages que font aujourd'hui de grands bateaux à vapeur, avec ceux qui faisaient l'objet du petit cabotage à l'époque où la loi actuelle a été mise en vigueur. C'est pourquoi la Commission déclare que, s'en tenant aux termes de l'article 229, on devrait exiger du capitaine qu'il présentât à son arrivée une autorisation écrite du chargeur de mettre des marchandises sur le pont et que dans ce cas même, lorsqu'il s'agit de futailles, il devrait lui être interdit de les placer debout, mais bien couchées sur un seul plan et avec l'obligation d'y placer en-dessous des tins assez élevés pour que l'eau y circule facilement. Une partie de la Commission (trois membres sur dix) demanderait la suppression complète de la pontée, lorsqu'il s'agit de futailles.

Deuxième question. — *Y a-t-il lieu de limiter le nombre des plans des fûts dans la cale, et de prescrire des mesures de précautions spéciales lorsque les plans dépassent un nombre à déterminer ?*

La Commission est d'avis, à l'unanimité, que dès que l'arrimage des futailles atteint la hauteur des barres sèches on ne doive plus en arrimer immédiatement par dessus, et qu'alors l'établissement d'un entrepont fixe ou mobile soit obligatoire dans toute la longueur du navire, *même sous les panneaux*. Quant à l'arrimage du premier plan des futailles, tant au fond de la cale que sur les entreponts, les anciens règlements exigeant que le bouge de la futaille soit suffisamment élevé au-dessus du tillac, au moyen de barres placées sous les extrémités, le règlement lui paraît suffisant.

Troisième Question. — *La constatation du bon ou du mauvais arrimage, des fûts en état d'avaries, où doit-elle être faite ? Quelles seraient les mesures à prendre pour assurer, si elle ne l'est déjà par le fonctionnement du bureau de Messieurs les capitaines experts, la constatation utile de l'état des arrimages ?*

Il paraît à la commission qne la constatation du bon ou mauvais arrimage des fûts avariés doit être faite spécialement dans les cales du navire (unanimité des membres).

Quatrième Question. — *Existe-t-il au débarquement des fûts de vin à Bordeaux des abus ou des lenteurs ? Dépendrait-il de l'Administration des Douanes d'y remédier ? Quelles mesures y aurait-il lieu de solliciter de cette administration ?*

Il ne paraît pas à la Commission que la Douane mette aucune entrave au débarquement des vins. Elle n'a d'exigences que pour les destinataires qui ne peuvent enlever, ni même échantillonner leurs vins jusqu'à ce que l'analyse en ait été faite (unanimité des membres).

Suivent les signatures.